Kindermode frech bemalt

Malen, abziehen, aufbügeln

Für kleine Auto-Fans

(Abbildung Seite 1)

Kleine Jungs lieben Autos. Klar, dass sie von einer Hose mit einem tollen Feuerwehrauto und einem Sweatshirt mit einem roten Flitzer auf dem Rücken begeistert sein werden.

Material

Hose

- Farben: schwarz, grün, gelb, rot, dunkelrot, braun, blau, weiß
- Bügelfolie, matt

Sweatshirt

- Farben: schwarz, weiß, rot, gelb, blau
- Bügelfolie, matt

Vorlagenbogen 1A

Motive von:
Ute Iparraguirre De las Casas /
Gudrun Schmitt (S. 30/31)
Angelika Kipp (S. 25, 32)
Michaela Koch (S. 12, 13, 18/19, 20, 28/29)
Kornelia Milan (S. 1, 8/9, 10/11, 21)
Pia Pedevilla (S. 22/23, 26/27)

Fotos: frechverlag GmbH, 70499 Stuttgart;
Fotostudio Ullrich & Co., Renningen

Dieses Buch enthält:
2 Vorlagenbogen

Auflage: 5. 4. 3. 2. 1. | Letzte Zahlen
Jahr: 2006 2005 2004 2003 2002 | maßgebend

frechverlag GmbH, 70499 Stuttga

ISBN 3-7724-3049-X · Best.-Nr. 3049 Druck: frechdruck GmbH, 70499 Stuttga

Das ist neu:

Textilfarben zum Malen, Abziehen und Aufbügeln, die in der Handhabung so einfach wie Windowcolor sind. Die Motive malen Sie auf Folie, lassen die Farbe trocknen, ziehen sie ab und bügeln sie dann auf Textilien auf. Das Tolle ist, dass die Farben auch auf dunklen Stoffen perfekt decken. So gestalten Sie im Handumdrehen witzige T-Shirts, flotte Hosen, coole Kappen sowie Schlafanzüge oder Lätzchen für die Kleinen. Auch Flecken können Sie so kinderleicht verschwinden lassen oder alte Kleidungsstücke aufpeppen.

Ob für Mädchen oder für Jungs, die witzigen Motive sind tolle Hingucker und werden Ihre Kinder bestimmt begeistern!

Das benötigen Sie

- Mit dem Bügeleisen schmelzbare Textilfarbe
- Spezielle Malfolie oder transparente Folie (z. B. Windowcolor-Malfolie oder Klarsichthülle aus PE oder PP, keine Mobile- oder Adhäsionsfolie, keine Folie aus PVC!)
- Spezielles Bügelpapier (evtl. matt oder glänzend)
- Evtl. Zahnstocher
- Klebefilm
- Bügeleisen
- Harte Bügelunterlage

So wird's gemacht

Die folgende Arbeitsanleitung ist möglichst allgemein formuliert, da mehrere Hersteller aufbügelbare Farben führen. Lesen Sie die Herstellerangaben in jedem Fall vor dem Arbeiten gründlich und halten Sie sich an diese. Machen Sie am besten Bügel- und Waschproben. Legen Sie die gewünschte Vorlage unter die Malfolie und fixieren Sie sie mit etwas Klebefilm, damit sie beim Malen nicht verrutscht.
Dann ziehen Sie die Konturen nach (meist mit Schwarz Achten Sie darauf, dass die Linien möglichst gleichmäßig stark und durchgängig geschlossen sind. Wenn Sie die Kontur ohne abzusetzen malen, wird sie am gleichmäßigsten. Außerdem sollten Sie die Malspitze nicht auf der Folie aufsetzen sondern sie beim Malen e was anheben, damit die Farbe nicht verschmiert. Jetzt lassen Sie die Farbe ca. 2-5 Stunden lang trocknen.

TIPP
Wenn Sie möchten, können Sie die Vorlagen auf einem Kopierer vergrößern oder verkleinern.

Nach dem Trocknen können Sie die Innenflächen mit den gewünschten Farben ausmalen. Tragen Sie die Farbe satt auf und verteilen Sie sie mit der Malspitze oder einem Zahnstocher bis an die Kontur. Sehr sauber können Sie die Flächen ausmalen, wenn Sie die Farbe zuerst als Linie entlang der Kontur auftragen und die Fläche dann nach innen hin ausfüllen. Sie können die Farben miteinander mischen, indem Sie die gewünschten Farbtöne auftragen, mit einem Zahnstocher verrühren und dann die Fläche ausfüllen. Marmoriereffekte oder Schattierungen erzielen Sie, indem Sie eine oder mehrere Farben nebeneinander auftragen und mit einem Zahnstocher oder der Maldüse ineinander ziehen. Achten Sie auf jeden Fall darauf, dass die Farbflächen geschlossen sind und Sie die Farbe satt auftragen, damit das Motiv beim Abziehen und später beim Waschen nicht einreißt. Jetzt muss die Farbe ca. 5-10 Stunden trocknen. Die Trocknungszeit hängt vom Hersteller, der Raumtemperatur und der Dicke des Farbauftrages ab.

Ist das Motiv vollständig getrocknet, ziehen Sie es vorsichtig von der Folie ab. Jetzt haben Sie noch die Möglichkeit kleinere Korrekturen mit einer Schere oder einem Cutter vorzunehmen.

Heizen Sie das Bügeleisen ohne Dampf auf ca. 180 bis 190 Grad (Stufe Baumwolle) 10 Minuten lang vor. Das gewünschte Kleidungsstück breiten Sie faltenfrei auf einer harten, planen und stabilen Bügelunterlage (z.B.

beschichtete Pressspanplatte) aus und legen das Bügelbild auf die gewünschte Stelle. Wünschen Sie eine glatte, glänzendere Oberfläche mit scharfen Konturlinien, legen Sie das Motiv seitenverkehrt auf. Für eine weniger exakte Struktur bringen Sie es seitenrichtig an. Decken Sie das Motiv vollständig mit Bügel- oder Backpapier ab.
Achten Sie dabei darauf, das Bügelpapier richtig herum, mit der glatten, beschichteten Fläche nach unten, aufzulegen. Unter starkem Druck (ca. 10-15 kg) überbügeln Sie nun jede Stelle des abgedeckten Motivs ca. 1-2 Minuten lang.
Achtung: Schieben Sie das Bügeleisen nicht zu stark hin und her, da die geschmolzene Farbe sonst verschmiert. Wichtig ist, dass Sie jede Stelle des Motivs sorgfältig überbügeln, damit sich die Farbe mit dem Stoff verbindet.
Bei Dampfbügeleisen mit Dampfaustrittslöchern sollten Sie die Position mehrfac verändern um auf jede Stell des Bildes ausreichend Druc auszuüben. Je größer das Motiv ist, desto länger müssen Sie es überbügeln. Wiederholen Sie den Bügelvorgang Fläche für Fläche.

Jetzt lassen Sie das Bügelpapier vollständig abkühlen und ziehen es dann vorsichtig ab. Sollte das Motiv an den Rändern nicht komplett haften, legen Sie das Papier wieder auf, erhöhen die Temperatur und überbügeln alles nochmals mit starkem Druck und/oder verlängern die Bügeldauer.

Zum Waschen drehen Sie die Textilien auf links und waschen Sie bei max. 40 °C gegebenenfalls im Schonwaschgang. Bügeln Sie nicht direkt über das Bild, bügeln Sie ohne Dampf. Falls Sie über das Motiv bügeln möchten, decken Sie es mit Bügel- oder Backpapier ab. Lassen Sie das Papier vor dem Abziehen erkalten.
Sollten durch die Wäsche Risse in den Farbflächen entstehen, überbügeln Sie das Motiv nochmals wie oben beschrieben.

TIPPS

Geeignete Stoffe sind:
Baumwolle, Polyester, Baumwolle/Polyester-Mischgewebe, Lycra® und Elasthan®. Nicht geeignet sind Nylon, Acryl und Polypropylen.

Zur Sicherheit sollten Sie eine Bügelprobe auf einem Stück Stoff machen. Sollte Ihr Bügeleisen nicht heiß genug sein, erhöhen Sie vorsichtig die Temperatur und verlängern die Bügeldauer.

Die Außenränder des Motivs können Sie nach dem Trocknen mit einer Schere oder einem Cutter nachbessern.

Damit Neonfarben auf dunklen Stoffen gut decken und leuchten, sollten Sie sie vor dem Aufbügeln und nach dem Abziehen von der Folie von hinten mit Weiß übermalen. Tragen Sie die Farbe aber nicht zu dick auf.
Nach dem Trocknen können Sie dann das Motiv aufbügeln. Hintermalen Sie die Motive nicht mit Weiß, erzielen Sie leicht transparente Effekte, was auch interessant wirken kann.

Möchten Sie durchscheinende Effekte erzielen, z. B. für helle Stoffe, mischen Sie die Grundfarben mit Transparent.

Glänzende Motive, v. a. für brillantere Effekte bei Glitterfarben, erzielen Sie durch Überbügeln mit Bügelglanzfolie.

Soll die Farbe schneller trocknen, legen Sie sie auf die Heizung oder in die Sonne. Sie können die Motive auch im auf 50°C vorgeheizten Backofen trocknen. Konturen benötigen je nach Stärke des Farbauftrages 5-10 Min., Farbflächen 20-30 Min.

Feuchte Farbflecken können mit Wasser und Seife entfernt werden.

Bunte Lätzchen

Diese niedlichen Lätzchen mit putzigen Tieren werden kleine Schleckermäulchen garantiert begeistern. Sie sind schnell gemacht und eignen sich toll als Geschenk z. B. zur Geburt.

In den Ohrinnenflächen und im Schwänzchen des Häschens ziehen Sie pinkfarbene und weiße Farbe ineinander um einen Marmoreffekt zur erzielen.
Die Augen der Katze werden mit Neongrün gemalt ohne diese mit Weiß zu hintermalen. So bleiben sie leicht transparent.

Material

Küken

- Farben: schwarz, gelb, orange, weiß, hellblau
- Bügelfolie, matt

Häschen

- Farben: schwarz, flieder, weiß, hellblau, pink
- Bügelfolie, matt

Kätzchen

- Farben: schwarz, pink, hellblau, neongrün
- Bügelfolie, matt

Vorlagenbogen 1A

Fröhliche T-Shirts

Lustige Stimmung verbreiten diese beiden Shirts. Die kleine Lok lädt zu einer Spazierfahrt ein und die Sonne strahlt vom Himmel.

Material

Sonne

- Farben: schwarz, gelb, weiß, hellblau, blau
- Bügelfolie, matt

Eisenbahn

- Farben: schwarz, weiß, hellblau, blau, rot, orange, gelb, grün
- Bügelfolie, matt

Vorlagenbogen 1A

Leuchtende Blumen

(Anleitung Seite 14)

Zauberhaftes Blumenkleid

(Anleitung Seite 14)

Leuchtende Blumen

(Abbildung Seite 12)

Kleine Mädchen werden von diesen Blumen in leuchtenden Farben begeistert sein. Glitzernde Details in Silber heben sich von den dunklen Hintergrundfarben toll ab und machen dieses Ensemble zu etwas ganz Besonderem.

Für dieses Motiv verwenden Sie am besten glänzende Folie, damit das Silber schön leuchtet und die Blütenblätter Glanz bekommen. Die Blütenblätter und die Blütenmitte müssen Sie nach dem Abziehen von der Folie auf der Textilie wieder zu einer gesamten Blüte arrangieren. Ziehen Sie dazu die Blätter eines nach dem anderen ab und legen Sie sie nacheinander um die Blütenmitte.

Material

- Farben: schwarz, flieder, hellblau, silberglitter
- Bügelfolie, glänzend

Vorlagenbogen 1A

Material

- Farben: pink, transparent, silberglitter
- Bügelfolie, glänzend

Vorlagenbogen 1A

Zauberhaftes Blumenkleid

(Abbildung Seite 13)

Dieses niedliche Sommerkleid wird durch schlichte Blumen und sparsam eingesetzte Glitzereffekte zu einem ganz besonderen Einzelstück.

Für diese Blüte wurden die Konturen statt mit Schwarz mit Silberglitter bzw. Pink gezogen. So integrieren sich die Motive schön in den zarten Druck. Für die obere Blüte ziehen Sie Pink und Transparent ineinander und marmorieren die beiden Farben. So erzielen Sie transparente Effekte, die den Hintergrund hindurchscheinen lassen.

ɔag mir deinen Namen

\Abbildung Seite 16/17)

Namen erfragen ist mit diesen individuellen Kleidungsstücken eigentlich nicht mehr nötig. Wahrscheinlich wird die Frage eher lauten: „Wo hast du das denn her?"
Hier sehen Sie, dass Sie Buchstaben auf ganz verschiedene Arten anordnen können.

eim Pulli "Marie" und beim T-Shirt Paul" sehen Sie, dass Sie auch ohne .onturlinien schöne Ergebnisse erzielen önnen. Tragen Sie die Farbe zunächst /ie eine Kontur auf und füllen Sie dann leich die Innenfläche aus.

.uch einfache Initialen, passend um Farbton der Hose, wirken anz modern.

TIPP
Initialen können Sie schnell und einfach z. B. auf Sporttaschen aufbringen um Verwechslungen zu vermeiden.

Material

Jakob
- Farben: schwarz, hellblau, blau, grün, dunkelrot, braun
- Bügelfolie, matt

Julia
- Farben: schwarz, pink, flieder
- Bügelfolie, matt

Paul
- Farben: blau, rot, gelb, grün
- Bügelfolie, matt

Marie
- Farben: pink, silberglitter, flieder
- Bügelfolie, glänzend

JM
- Farben: schwarz, orange
- Bügelfolie, matt

Vorlagenbogen 1B

Sag mir deinen Namen

(Material und
Anleitung Seite 15)

MARIE
PAUL

Zauberhaftes Einhorn

Für kleine, modebewusste Damen ist diese Kombination ideal. Rosa und Lila passen wunderbar zu diesem verträumten Einhorn und den zarten Schmetterlingen.

Für die Mähne des Einhorns und die Schmetterlingsflügel ziehen Sie transparente Farbe sowie Pink bzw. Flieder ineinander um Marmoreffekte zu erhalten. Dies wirkt besonders schön, da die Farbe des Stoffes durchscheint.
Das Neongrün wurde für dieses Modell nicht mit Weiß hintermalt um seine leuchtende Wirkung etwas abzuschwächen.
Alle Motive sollten Sie mit glänzender Bügelfolie anbringen, damit das Silber schön leuchtet und die Motive Glanz bekommen.

Material

- Farben: schwarz, pink, flieder, silberglitter, hellblau, neongrün, transparent
- Bügelfolie, glänzend

Vorlagenbogen 2A

Blumen und Schmetterlinge

Bunte Schmetterlinge, Käfer und eine lachende Blume sind tolle Motive für Shirts in fröhlichen Farben. Der einzelne Schmetterling ist ganz schnell gemalt, die lachende Blume ist etwas aufwändiger.

Die kleinen Pünktchen können Sie nach Belieben um die Blume herum arrangieren.

Die neongrüne Farbe beim Schmetterling wurde nicht mit Weiß hintermalt, damit Sie nicht zu leuchtend wirkt.

Material

Lachende Blume

- Farben: schwarz, pink, orange, rot, grün, haut, flieder, silberglitter, weiß
- Bügelfolie, matt

Schmetterling

- Farben: schwarz, flieder, grün, neongrün, hellblau, blau
- Bügelfolie, matt

Vorlagenbogen 2B

Vorsicht, wilde Tiere!

(Anleitung Seite 24)

ECHTE
FRISCH
Kinder-

Vorsicht, wilde Tiere!

(Abbildung Seite 22/23)

Die wilden Tiere sind los! Aber keine Angst, auf Shirts sind sie völlig harmlos. Lustig sieht es auch aus, wenn Sie zusätzlich den Namen des Kindes oder einen witzigen Spruch aufbügeln.

Hintermalen Sie beim Krokodil die neongrüne Farbe vor dem Aufbügeln nochmals mit Weiß, dann leuchtet die Farbe besonders intensiv.

Die rote Farbe in der Nase des Affen ziehen Sie im feuchten Zustand in die hautfarbene Gesichtsfläche.

Auch die Schwanzspitze des Löwen wird marmoriert.

Material

Krokodil

- Farben: schwarz, hellblau, rot, orange, neongrün, weiß
- Bügelfolie, matt

Affe

- Farben: schwarz, braun, haut, rot, gelb
- Bügelfolie, matt

Löwe

- Farben: schwarz, gelb, orange, braun, rot, hellblau
- Bügelfolie, matt

Nilpferd

- Farben: schwarz, orange, hellblau, grün, haut
- Bügelfolie, matt

Vorlagenbogen 1B

Kuscheliger Bademantel

Dieser flauschige Bademantel ist ideal für kleine Wasserratten. Das lustige Nilpferd auf dem Rücken lädt zu einem ausgiebigen Bad ein.

Achten Sie bei einem so ungleichmäßigen Untergrund unbedingt darauf das Bügeleisen mit starkem Druck auf alle Stellen des Motivs aufzudrücken.

Material

- Farben: schwarz, blau, gelb, orange, weiß, rot
- Bügelfolie, matt

Vorlagenbogen 2A

Fröhliche Bauernhoftiere

Sind die beiden nicht niedlich? Kuh und Schwein verwandeln das einfachste Shirt in einen witzigen Hingucker.

Die Schattierungen in der Nase des Schweins erzielen Sie, indem Sie Weiß und Pink mit der Maldüse etwas ineinander ziehen.

Material

Schwein

- Farben: schwarz, pink, weiß, hellblau
- Bügelfolie, matt

Kuh

- Farben: schwarz, weiß, pink, blau, haut, silberglitter, braun
- Bügelfolie, glänzend

Vorlagenbogen 2A

Sportlicher Teddy

Für sportbegeisterte Jungs und Mädchen ist dieses Polohemd genau das Richtige. Die robuste Jeans und eine coole Kappe runden das Outfit ab.

Die Buchstaben wurden ohne Kontur geschrieben. Dazu tragen Sie die gewünschte Farbe zuerst konturenartig auf und füllen dann gleich das gesamte Motiv mit Farbe aus.
Für die Haare ziehen Sie die noch feuchte braune und schwarze Farbe ineinander.
Achtung: Motive mit Zahlen und Buchstaben dürfen Sie nicht seitenverkehrt aufbügeln, sonst erscheinen Schrift bzw. Ziffern spiegelverkehrt!

Material

- Farben: schwarz, grün, orange, dunkelrot, rot, blau
- Bügelfolie, matt

Vorlagenbogen 2A und 1B

TOM

Besuch aus dem All

Witzige Aliens haben sich ein T-Shirt und eine Jeans als Landeplatz ausgesucht. Für Science-Fiction-Fans ist diese Kombination ein Muss!

Damit die kleinen grünen Männchen geheimnisvoll wirken, wird die neongrüne Farbe mit Weiß hintermalt. Die Glaskugel am Ufo sowie die Bullaugen sind mit transparenter Farbe ausgefüllt, so scheint der rote Hintergrund durch die Flächen hindurch.

Material

- Farben: schwarz, neongrün, silberglitter, goldglitter, hellblau, orange, gelb, rot, haut, transparent, weiß
- Bügelfolie, glänzend

Vorlagenbogen 2B

Gemütliche Schlafanzüge

Mit diesen hübschen Pyjamas macht das Zubettgehen gleich viel mehr Spaß.

Die Schwanzspitze beim Elefant marmorieren Sie, indem Sie noch feuchte hellblaue und pinkfarbene Farbe ineinander ziehen.

Vorlagen bogen 2

Material

Schlafender Vogel

- Farben: schwarz, hellblau, blau, grün, haut, orange
- Bügelfolie, matt

Elefant

- Farben: schwa hellblau, pink, flieder, goldgli
- Bügelfolie, ma